Kauderwelsch

Band 67

Die
Peter Rump Verlags- und Vertriebsges. mbH
ist Mitglied der
Verlagsgruppe
REISE KNOW-HOW

Kauderwelsch

More American Slang

noch mehr Englisch Amerikas

Roland Hanewald

"The English language belongs to everyone: to those of us who wish to be careful with it and to those who don't care."

Robert MacNeil

Kauderwelsch Band 67
More American Slang
von Roland Hanewald

Reise Know-How Verlag
Peter Rump GmbH
Hauptstraße 198
D-33647 Bielefeld

2. Auflage 1993
ISBN 3-89416-257-0

Konzeption und Bearbeitung:
Peter Rump

Gestaltung:
Peter Rump (Umschlag)
Christine Brockmann, Peter Rump (Inhalt)
(zitiert werden Abbildungen aus folgenden Comocs:
Archie, CARtoons, CYCLEtoons, MAD, SURFtoons u.a.)

Satz:
Buslau, Berlin

Druck, Bindung:
Fuldaer Verlagsanstalt GmbH, Fulda

PRINTED IN GERMANY

■ Dieses Buch ist in jeder Buchhandlung der BRD, Österreichs, der Niederlande und der Schweiz erhältlich. Bitte informieren Sie Ihren Buchhändler über folgende Bezugsadressen:

BRD:	Prolit GmbH, Postf. 9, D-35461 Fernwald (Annerod)
Schweiz:	AVA-buch 2000, Postfach, CH-8910 Affoltern
Österreich:	ROBO GmbH, Postf. 601, A-1060 Wien
Niederlande:	Nilsson & Lamm bv, NL-1380 AD Weesp

■ Wer im Laden kein Glück hat, bekommt unsere Bücher gegen Voreinsendung von 16.80 DM incl. Porto und Verpackung (Scheck im Brief) bei: **Rump-Direktversand,** Heidekampstr. 18, D-49809 Lingen (Ems)

■ Der Verlag will die Slang-Reihe ausbauen und sucht Autoren für ITALIENISCH, KANADISCH u. a.

Inhalt

Zum Geleit

Liebe Leser, bei der Lektüre dieses Buches bitte ich Sie, folgendes zu bedenken: Es ist selbstverständlich, daß die Ausdrücke in diesem Buch nichts mit meiner Einstellung zu tun haben. Das gilt besonders für Schimpfwörter und beleidigende Ausdrücke. Es liegt ausdrücklich nicht in meiner Absicht, daß die aufgeführten diskriminierenden Ausdrücke verwendet oder verbreitet werden. Ich habe sie aufgelistet, weil es sein kann, daß man ihnen begegnet (in Filmen, Büchern oder auf der Straße), und verstehen sollte man, was man hört. Diese Sammlung ist nicht vollständig.

Readers, I ask you to keep in mind that this compilation of words does not reflect the view of the author. This should be self-evident. It is not my intention to promote the usage of and/or continuation of societal, racial and ethnics slurs, and I regret the need for their inclusion. In fact, I prefer they didn't exist at all! I merely note them because they are part of American slang and because the German traveler is likely to come across them in movies novels and other everyday situations. This list is by no means complete. Please consult the publisher's address for additions, comments, etc.

Roland Hanewald

Vorab

Dieses Büchlein setzt einiges an Englischkentnissen voraus. Wem die folgenden Vokabeln jedoch trotzdem nichts sagen, der ist entschuldigt. Die lernt man nämlich nicht auf der Schule. Auf *keiner* Schule!

booger	**jism**
cayuse	**nerd**
cootie	**nookie**
druthers	**ornery**
fritz	**pizazz**
funch	**posselcue**
glitch	**shlong**
gofer	**trans**
goober	**twofer**
hackie	**vette**
haywire	**wacko**
honky	**zilch**
hoss	

Das ist halt *American Slang.* **And that's what this book is all about. Have fun.**

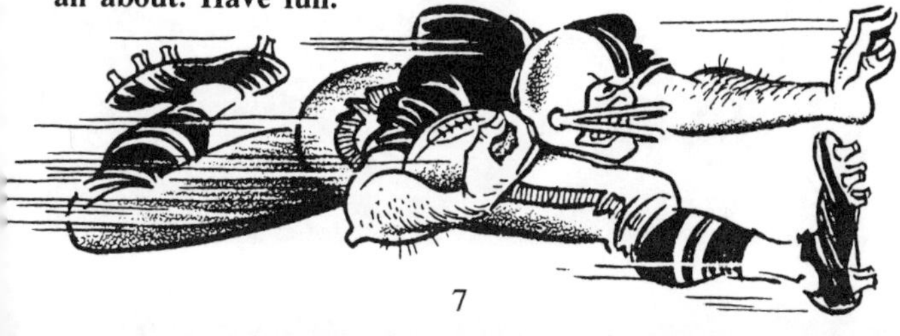

Vorwort

"**American Slang - das andere Englisch**" von Renate Georgi und Anette Linnemann erschien erstmals im Jahr 1989 und erfreut sich seitdem einer großen Nachfrage. Das rege Käuferinteresse und die zahlreiche Leserpost zeigen, daß Reisende ins Land der "unbegrenzten Möglichkeiten" ein großes Nachholbedürfnis in Sachen Umgangssprache verspüren.

Wird in "**American Slang...**" Alltags-Vokabular nach einzelnen Sach- und Anwendungsgebieten vorgestellt, so geht

"**More American Slang**" in unterhaltsamer Weise den Ursprüngen und der Bildungstechnik des American-Slang nach, stellt also eine sinnvolle Ergänzung und Vertiefung des Stoffes dar.

Der Leser erfährt zum Beispiel, wie sich Slang ständig um neue Kreationen erweitert, welche Rolle dabei einzelnen Bevölkerungsgruppen zukommt und was mit "ehrbaren" Wörtern geschehen kann, wenn sie erst einmal dem Schöpfertum des Alltags ausgeliefert sind. Dabei wird besonderer Wert auf Aktualität gelegt.

"**More American Slang**" ist keine sprachwissenschaftliche Abhandlung über Slang, sondern eben "**more**". Es ist eine vergnügliche Sprachreise in das pralle amerikanische Leben. Gemeinsam mit "**American Slang...**" gibt es dem Leser Kommunikationshilfe dort, wo gewöhnliche Wörterbücher ihre Grenzen erreicht haben, z. B. bei der Unterhaltung mit einem schwarzen Taxifahrer oder einem Abkömmling italienischer Einwanderer.

Aufgrund der gleichen Thematik tauchen einzelne Wörter in beiden Büchern auf. Jedoch ist das nicht von Nachteil, werden sie doch beide Male unter verschiedenen Blickwinkeln betrachtet.

Die Aktualität des Buches hat natürlich eine Kehrseite, denn Slang ist lebendig. In den siebziger Jahren fanden die Amis beispielsweise alles, aber auch alles **groov(e)y. The whole life was one big groove.** Heute ist der Ausdruck passé. Sollten einige Wörter nach Erscheinen des Buches "**in**", einige aufgeführte jedoch "**out**" sein, so wird das in den nachfolgenden Auflagen berücksichtigt. Entsprechende Hinweise nehmen Autor und Verlag gern entgegen.

Gebrauchsanweisung

Ich habe versucht, die deutsche Übersetzung der Ausdrücke auf gleichem Sprachlevel zu halten. Trotzdem ist bei der Anwendung Vorsicht geboten. Völlig vulgäre Ausdrücke sind durch ✶ gekennzeichnet. Abwertende Ausdrücke und Beleidigungen sind eh nicht zum Gebrauch, sondern lediglich zum Verstehen aufgeführt.

Im Anhang des Buches sind alle Ausdrücke noch einmal stichwortartig und alphabetisch geordnet aufgelistet. Die Seitenzahl dahinter gibt an, wo das Wort erwähnt wird und demnach auch die Übersetzung steht. Hört man zum Beispiel den Ausdruck "**I'm a goner**", findet man unter "**goner**" die entsprechende Erklärung.

Zum Thema Slang

So vielfältig wie die unterschiedlichen sozialen Gruppen und deren Lebensweisen, so unterschiedlich ist auch deren Slang. Die Bandbreite reicht von Sinnabwandlungen einzelner Wörter der Hochsprache, die überall gesellschaftsfähig sind, über "Fachsprache" in Western, Comics und dem lässigen Ausdruck Jugendlicher bis hin zum Jargon der Gosse.

Unlängst traf ich in Deutschland eine Bekannte, die es *"superaffengeil"* fand, daß ich mal wieder da war. Ich fand's auch ganz nett, die Wortwahl aber doch eher blöde.

Das ist nun auch ein Slangwort: *"blöde"*. Es ist eigentlich norddeutsch und heißt "weich". Man bezieht es z. B. auf eine entsprechende Birne.

Die Begriffe *"blöde"* und *"Blödsinn"* wird es wohl in hundert Jahren noch geben. Das Wort *"superaffengeil"* mit Sicherheit nicht.

Slang ist dynamisch. Es wird stets neues Vokabular kreiert, nur weniges findet später Eingang in die Hochsprache. Slang ist vergänglich.

Als Teil der Umgangssprache, behutsam und geschickt injiziert, kann der Slang eine erfrischende Note zur Ausdrucksweise beisteuern, einen Würzzusatz sozusagen. Die Sprache wird dadurch lebhaft und facettenreich. Ihn zu verstehen und zu sprechen, kann großen Genuß bereiten. Wer aber *nur* Slang spricht, ist zumindest sprachlich ein armer Teufel. Wer *auch* Slang beherrscht, kann sich der Kenntnis einer weiteren "Fremdsprache" rühmen.

Slang, vorwiegend der unteren sozialen Schichten und Randgruppen, spiegelt meines Erachtens andererseits häufig eine grobe, undifferenzierte Empfindungswelt wieder. Der Mangel an Bildung, in den USA ganz besonders beklagenswert, führt zur Vereinfachung der Sprache mittels grammatikalischer Einsparungen und der Erfindung "billiger" Schablonenwörter als Ersatz für "teureres" Wortgut. Das Ergebnis ist zwar eine Sprache, die sich recht saft- und kraftvoll anhört, der es jedoch oft an Substanz fehlt. Ein solcher Slang-Dialog kann recht witzig sein, ödet einen jedoch irgendwann mal an. Der Zeitpunkt kommt auch, an dem man **four-letter-words** nicht mehr hören mag, wenn sie stetig gebraucht werden.

In diesem Buch wird Slang nicht bewertet, er wird verständlich gemacht.

A Crack -

Slang in der Werbung

Anfang der siebziger Jahre tauchten überall in den Staaten **bumper stickers** ("Stoßstangenaufkleber") mit dieser Buchstabenfolge auf:

FK NXN

Kaum ein Amerikaner, der nicht mühelos "**Fuck Nixon!**" aus dieser Grußbotschaft herausgelesen hätte. Aber wie vielen Mitteleuropäern wäre dies auch gelungen? Den wenigsten.

Aus dem Radio hallt folgender Werbespot:

"**When you sag, it's Gruber's bag!**" Der Ami grinst müde. Was wird uns Nichtamerikanern da mitgeteilt? Nur Werbung, wie in allen **commercials**?

Schon. Aber zerlegen wir das Gesagte einmal sorgfältig Wort für Wort, um es zu verstehen:

When you sag, it's Gruber's bag.
Wenn du absackst, ist es Grubers Tasche.

Das mit der Tasche macht offenbar keinen Sinn. Also blättern wir ein wenig in einem guten Wörterbuch und erfahren, daß "**your bag**" im Deutschen so etwas wie "dein Bier" heißt.

Wenn du absackst, ist das Grubers Bier?

Den Rest des Spots hatten wir nicht mehr gehört. Sonst würde uns das Veständnis jetzt leicht fallen. Da hatte es nämlich geheißen: "Diese Botschaft überbrachte Ihnen Grubers Beerdigungsinstitut." Mit diesem Wissen können wir nun auch übersetzen und verstehen:

Geht's mit dir zu Ende,
gib dich in Grubers Hände.

So etwas ist in einem Land, in dem alles möglich ist, durchaus üblich und akzeptabel.

Der Amerikaner sieht die Dinge lockerer als wir. Er neigt dazu, sich über Unangenehmes, so die Assoziation zu Gruber, mit einem **crack,** einer Frotzelei, hinwegzusetzen. Es gibt wohl keine Situation, in welcher der Ami nicht einen **crack** auf Lager hätte, und der Slang ist dabei das hilfreiche Medium.

Das macht auch vor den Größten nicht halt. Ronald Reagan war zum Beispiel im kleinen Kreis dafür bekannt, sehr empfindlich auf das Wort **wattle** zu reagieren. So nennen sich die Kehllappen am Hals des Truthahns, die den Gockel attraktiver für die Henne machen sollen. Beim Menschen sehen **wattles** allerdings weniger schön aus. Und Ronnie hatte viele davon, sehr zur Freude der amerikanischen Karikaturisten.

Reagans Berater und ein paar eingeweihte Journalisten machten sich einen Jokus daraus, mit todernster Miene immer wieder Fragen zu stellen wie: "**What'll you do? What'll you say?**" und sich heimlich daran zu weiden, wie Ronnie mühsam mit der Beherrschung rang.

So geschieht's, daß die Halsfalten des Truthahns eines Tages in eine direkte Beziehung zum US-Präsidenten gebracht werden. Dann gibt's wieder mal ein neues Slangwort für die Wörterbücher.

Lunch or Funch?

Ein Slang–Wort entsteht

Die **wattles** hatten wir soeben. Da greift jemand einen witzigen Gedanken auf, und voilà - schon haben wir ein ganz neues Wort. Die modernen Medien fördern diesen Prozeß entscheidend. Ein Neuwort erreicht in Sekundenschnelle ein aufnahmebereites Publikum.

So zwei Dekaden mag es nunmehr her sein, als ein Scherzkeks **breakfast** und **lunch** zu einem späten **brunch** verband. Alsbald **brunchte** die gesamte amerikanische Nation. Heute gibt es sogar schon den **funch,** in Los Angeles gebürtig. Bei Drucklegung dieses Buches tritt der **funch** gerade seinen Siegeszug durch die Staaten an. Es handelt sich um den **fuck at lunch:** 'n mittägliches Nümmerchen.

Slang entsteht vor allem, indem man existierendes Vokabular in neue Formen manipuliert. Eine lange Zeit war in den USA mal alles **fab** (von **fabulous**). Dann verband man **fantastic** und **fabulous** zu **fantabulous. Mod** (von **modern**) ist immer noch wie auch **rad** (von **radical**) populär.

FUNCH

Hängt man gewissen Wörtchen ein **o** an, so ergeben sich oft ganz neue Bedeutungen (s. S. 42); mit einem **y** am Ende entstehen so wunderschöne neue Adjektive wie **iffy** (unsicher, von **if**), **icky** (eklig, von **ick** = igitt) oder **cocky** (arrogant). Hängt man ein **ie** an, läßt sich eine Vielzahl von neuen Hauptwörtern konstruieren, so der **quickie** = "einer auf die Schnelle".

Wann kommt der **quunch**? Noch gibt es ihn nicht, aber lange kann's nicht mehr dauern.

Once in a Blue Moon

Der "alte" Slang

Eine Riesenmenge von Slangvokabular entstammt dem Wortschatz früherer Generationen, z. T. kommt es sogar aus alten bis uralten Zeiten. Das heißt aber nicht, daß es auch nur von alten Leuten verwendet wird. Junges Volk benutzt die nachstehenden Ausdrücke – querbeet ausgewählt, es gibt hunderte mehr – genauso gern und freizügig.

O.K.

ist *das* Slangwort der amerikanischen Sprache. Es ist inzwischen weltweit im Gebrauch; selbst iranische Mullahs benutzen es. Doch wo kommt das Kürzel überhaupt her, und wofür steht es? Schon im letzten Jahrhundert boten Sprachforscher alle möglichen Theorien, ohne jedoch einen gemeinsamen

Nenner zu finden. Jetzt glaubt man, es mit großer Gewißheit auf das Jahr 1838 und US-Präsident Jackson zurückführen zu können, der ein *all correct* (alles richtig) zu einem "*oll korrect*" veralbert hatte, aus dem dann *O.K.* entstand.

once in a blue moon
Alle Jubeljahre (zurückgehend auf den Ausbruch des Krakatau im Jahre 1883, der durch den Aschenauswurf den Mond in vielen Teilen der Erde blau erscheinen ließ).

to pass the buck
Den (Sünden–) Bock weiterreichen = sich vor der Verantwortung drücken. Von Präsident Truman stammt der berühmte Spruch: "**The buck stops here!**"– er, Truman, sei also der Allein– und Letztverantwortliche.

to be a pain in the neck
oder: **in the ass** = *ein Krampf im Nacken oder Hintern sein:* einem auf den Zeiger gehen.

what a stick!
Was für ein Stück! ist die ursprüngliche (jiddische) Bedeutung. Gemeint ist ein Langweiler, und der ist's immer noch. Auch: **Sticksville** = wie im Kuhdorf; zum Gähnen.

to paint the town red
Die Stadt rot anmalen = mal richtig einen draufmachen; ausgehen mit allem Drum und Dran.

one for the road!
Nachdem man einen draufgemacht hat, sind dies meistens die letzten Worte: *Einen für die Straße* = einen letzten Drink noch!

to fly off the handle
Vom Stiel fliegen (z. B. die wild geschwungene Axt) = vor Wut ausflippen.

that's Greek to me
Das ist mir griechisch = ich versteh' immer nur Bahnhof; ich kapier' kein Wort davon.

to drive at
Auf etwas losfahren = auf etwas hinauswollen.

- **What are you driving at?**
  Worauf wollen Sie hinaus; was wollen Sie damit sagen? Verwandt auch:
- **to get someone's drift**
  Kapieren, worauf jemand hinauswill.
- **Do you get my drift?**
  Verstehst du, was ich meine?

to be alive and kicking
Am Leben und Strampeln sein = bei bester Gesundheit sein.

that's my bag / line / thing
Das ist meine Sache / Spezialität.

to wrap something up
Etwas einwickeln = dem Ende entgegengehen.

"**That about wraps it up, folks!**" läßt im Radio oder Fernsehen typisch eine Show ausklingen: "Das wär's dann, Leute!"

you ain't seen nothin' yet!
Du hast noch nichts gesehen = jetzt fang' ich erst richtig an; jetzt geht's erst richtig los!

nice try!
Hübsch versucht = na, ganz nett! Spöttische Bemerkung, wenn etwas nicht so lief, wie es laufen sollte.

tell it to the Marines!
Erzähl' das der Marineinfantrie = mach das einem Dümmeren weis! (Die **Marines** stehen im Ruf, nicht mit besonderen Geistesgaben gesegnet zu sein).

inside job
"Innenarbeit" = von Eingeweihten ("**Insidern**") gedrehtes krummes Ding. Der Ausdruck wird sich auch im Deutschen noch breiter machen.

under wraps = geheim.

off one's rocker
Weg vom Schaukelstuhl = verrückt, plemplem

go fly a kite!
Geh 'nen Drachen fliegen = zieh Leine!

Bronx cheer
"Jubelrufe im New Yorker Slumstadtteil Bronx" = Buhgerufe, Auspfeifen.

to pull a fast one on someone
Jdn. gegenüber schnell ziehen = jdn. reinlegen. Noch aus guten alten Wildwesttagen.

rain or shine
Regen oder Sonnenschein = bei jedem Wetter: unbedingt, auf jeden Fall. **"I'll be coming, rain or shine** = ich komme auf jeden Fall.

gate crasher
Einer, der durchs Tor platzt = ungebetener Partygast. Für manche Jugendliche in den USA ist **gate crashing** eine Art Sport:

the works
Alles, das Ganze. Wenn ein Bettpartner flüstert: "**Give me the works!**", dann ist Leistung angesagt. Im Restaurant kann **the works** "mit allen Beilagen" bedeuten, in der Werkstatt eine Generalüberholung, dann heißt es aber natürlich auch **the works** bei der Bezahlung.

of all days / of all things / of all people!
Ausgerechnet heute / ... das / ... du, der, die!

in the buff
In der Hautfarbe = nackt.

to kiss something good–bye
Einer Sache den Abschiedskuß geben = etwas in den Wind schreiben.

a big shot
Ein großer Schuß = ein hohes Tier.

to be on the blink / fritz
Kurz vorm Abklappen sein. **The gas is on the fritz** = wir haben kaum noch Benzin.

razzmatazz
Rummel, Schau, Rabatz. Ein Wort aus der Zirkuswelt.

I've had it!
Ich gab's gehabt = ich hab' die Schnauze voll. **I've had it with you!** = Mir reicht's jetzt mit dir!

to bend over backward
Sich (weit) zurückbeugen = sich gewaltig bemühen; sich ein Bein ausreißen.

freebee
Etwas, das es gratis (= **free**) gibt, gewöhnlich als Werbegag. Auch: **give–away** = Werbegeschenk.

that's more like it
Das ist schon besser; na, also doch; warum nicht gleich so?

keep truckin'
Laß den Brummi weiter rollen = mach's gut!

to hit the road
Die Straße treffen = losfahren. **Hit** kennzeichnet hier eine Begegnung, die auch in anderen Wendungen vertreten ist:
☆**To hit the sack** = zu Bett gehen, **to hit town** = in der Stadt ankommen, **to hit the dirt** = in Deckung gehen, **to hit the drink** = sich ins Wasser stürzen, **to hit the roof** = an die Decke gehen. Viele weitere. Hübsch auch: **hit and run** = Fahrerflucht begehen.

to shake a leg
Ein Bein schütteln = sich beeilen. **C'mon, shake a leg!** = Los, Beeilung!

and all that jazz
... *und der ganze Jazz* = und so weiter. Leicht abwertend im Sinne von "und das ganze Gelump".

to be bushed
Völlig fertig sein. George Bush wird mit Sicherheit einmal in diesem Zusammenhang auftauchen.

that's a switch!
Von **switch** im Sinne von "Schalter" oder "Weiche": Das ist ja mal ganz was Neues!

yours truly
"Ganz der Ihre" am Briefende. In ironischen Wendungen ist die Bedeutung "meine Wenigkeit".

big (fuckin') deal! (BFD)
Großes (verdammtes) Geschäft = na und? na wenn schon!

wise guy
Kluger Bursche = Schlaumeier. **Wise** hat im Amerikanischen kaum noch die Bedeutung von "weise", sondern von "besserwisserisch". "**You a wise guy, eh? You tryin' to be wise on me, hey?** = Du willst mich wohl verarschen, was?" wird vielleicht der Ausländer zu hören bekommen, der sich betont "**slangy**" geben will. Das nennt man dann:

to invite trouble
Sich Ärger auf den Hals laden. Dann sagt man am besten:

Now, hold your horses / keep your shirt on!
Nun halten Sie mal die Pferde an / behalten Sie Ihr Hemd an = nun mal langsam; immer mit der Ruhe!

Slap Leather!

Western Slang

Them injuns's gittin' ornery! hört man in einem Original–US–Western. Der ausländische Zuschauer kann mit diesem Spruch nicht das geringste anfangen. Um diese seltsame Sprache in eine verständliche zu übertragen, - die englische, die ihr zugrunde liegt - muß er sie erst einmal Wort für Wort analysieren:

them	= *the* (Mz.) Siehe S. 70
injuns	Verballhornte *Indians* = Indianer
's	= *is* und wiederum = *are.* Häufig in den simpleren Slangtypen.
gittin'	1. Das Amerikanische zieht *to get* dem britischen *to become* = "werden" deutlich vor. 2. Im Western Slang wird daraus **git.** Alleinstehend heißt dieses Wort auch: Raus! Verschwinde! 3. Das Abschneiden des **–g** ist typisch slangy.
ornery	*ordinary* = gemein im Sinne von aggressiv. Nur im Western Slang.

Also: "Die Indianer werden frech!"
Mit anderen Worten: "Sie greifen an!"

Western Slang ist jedoch nicht nur die Sprache von Filmen und Comics dieser Kategorie. Er wird immer noch gesprochen – vor allem in seinem Stammland Texas. Nachstehend ein paar Kostproben einschließlich "englischer Übersetzung".

Ah	*I*	ich
muh	*my*	mein
yuh	*you*	du
hyar	*here*	hier
thar	*there*	dort
wuz	*was*	war
jes'	*just*	gerade
efn	*if*	falls, ob
so's	*so that*	damit
thuh	*the*	Artikel
howdy	*how do you do*	hallo
hoss	*horse*	Pferd
cayuse		Gaul
critter	*creature*	Tier
varmint	*vermin*	Lümmel
shore	*sure*	sicher
dagnab (it)		verdammt
josh	*joke*	verarschen
podner, pardner	*partner*	Freund (Anrede)
figger	*figure*	glauben, meinen
reckon		schätzen
kin	*can*	können
hain't	*there isn't*	gib's nicht
aim to		wollen
purty	*pretty*	hübsch

ol',ole	*old*	alt
helluva	*hell of a*	höllisch
iron		Schießeisen
slap leather!		Zieh!

Soweit nur ein kurzer Auszug. Western Slang ist eine Sprache für sich und würde ein ganzes Buch füllen. Wer schreibt's? **Ah shore ain't joshin' yuh, podner! Efn Ah wuz yuh ...**

You von't believe zis!

Germlish

Eine Zeitlang sah es (im vorigen Jahrhundert) so aus, als solle Deutsch die Amtssprache der Vereinigten Staaten werden. Dann entschied man sich – knapp – für das Englische.

"Wiederentdeckt" wurde Deutsch von den Amis erst im und nach dem 2. Weltkrieg. Der **nazi** war jetzt der Feind, und die Propaganda nahm sich vor allem seiner schwachen Beherrschung der englischen – und insbesondere amerikanischen – Sprache in liebevollen Details an.

Daran hat sich bis heute nichts geändert. Ganze TV- und Comics-Serien kommen ohne den aus *Germ*an und *Eng*lish kombinierten "**Germlish**"**-Slang** nicht mehr aus. Der **Fuehrer** begeistert viele Amis und nach wie vor fasziniert der **Geshtapo:**

Ve haff vays to make you talk, you schveinhundt!

Im Zuge der politischen Entwicklung in Europa und dem Wiederaufleben alter Ängste wird man vom **obershturmbanfuhrer** und seinen Konsorten wahrscheinlich noch mehr zu sehen und zu hören bekommen. Doch letztlich werden unsere amerikanischen Freunde sich gewiß darauf besinnen, daß sie uns auch **der gemutlichkeit, der lowenbrau** und **der wienerschnitzel** verdanken, und sie werden uns weiterhin von Herzen gut sein.

A Glitch in the Computer

Neuer Slang

Die nachstehenden Wortbeispiele sind relativ modernen Ursprungs - oder zumindest ihre Bedeutung. Sie sind Sophismen, die alle Aussicht haben, eines Tages mal im offiziellen Wörterbuch zu stehen - wenn sie nicht schon drin sind.

to bomb

Durchfallen. **The play bombed on Broadway** = das Theaterstück fiel durch. Worüber sich alles freut.

bottom line

Fazit; das, worauf es wirklich ankommt. **The bottom line of my speech** = das Fazit meiner Rede.

bush league

Sportverein von Hinterwaldformat. Im übertragenen Sinne etwa: drittklassig.

cliffhanger

Spannender Höhepunkt. Da hängt einer mit den Fingerspitzen am Abhang. Fällt er oder nicht?

to cop out

Kneifen; sich vor einer Verpflichtung mittels einer Ausrede drücken: Heißt auch: verschwinden. **Why don't you cop out?** = Warum haust du nicht ab?

downer

Deprimierendes Erlebnis, z. B. ein mieser Film: **What a downer!** Den **upper** gibt's auch, aber nur in der Drogenszene.

glitch

Panne; Ursache für etwas, das voll in die Hosen geht: **A glitch in the computer ...**

gofer

Jemand, den man (im Büro) ausschickt, um z. B. dem Chef eine Tasse Kaffee zu holen:

● **to GO FOR a cup of coffee.** Klanggleich mit **gopher** (Art Murmeltier). Dadurch wird's witzig.

druthers

Hergeleitet von **I'd rather** = ich würde lieber. **If I had my druthers** = wenn's nach mir ginge.

fallout

Der nukleare **fallout** hat hier Pate gestanden: Unerwartetes Nebenergebnis.

haywire

Völlig durcheinander. **The rocket ran haywire** = die Rakete spielte verrückt.

mickey mouse

Nicht der Rede wert. **What a mickey mouse joint!** = Was für ein mieser Laden!

nothingburger

Hamburger mit nichts drauf: Entsprechendes politisches oder wirtschaftliches Paket.

girl Friday

Junge Bürogehilfin. Kommt von Robinsons eingeborenem Diener Friday. **Women's libbers** (Frauenrechtlerinnen) stinkt der Ausdruck.

gridlock

Hoffnungslos festgefahrene Situation.

piz(z)azz

Reklamerummel

pol

Politiker, aber nicht im schmeichelhaften Sinne.

preppy

Jemand, der eine renommierte Vorschule (**prep school**) besucht hat und damit (u. a. auch mit **preppy clothes**) den Ton anzugeben versucht. Auch abwertend: Muttersöhnchen.

rain check

War mal ein Baseballticket, das auch später akzeptiert wurde, wenn das Spiel wegen Regens ausfiel. **May I have a rain check?** heißt heute etwa: Ich kann diesmal leider nicht kommen, darf ich Ihre Einladung verschieben?

sidekick

Schwache Nebenfigur: "**Quaile is Bush's sidekick**".

spin-off

Nebenprodukt oder -ergebnis. **Teflon is a spin-off from NASA research.** Jaja, die gute alte Teflonpfanne ...

shrink

Einer, der "Köpfe zusammenschrumpft": Psychoanalytiker. **"Gotta see my shrink"**, ist eine gebräuchliche Redensart, wenn die Nerven mal wieder flattern.

twofer

Abgeleitet von: **Two for the price of one.** Gutschein, der einen berechtigt, zwei **tickets** für den Preis von einem zu bekommen.

upscale

Was Besseres. **An upscale magazine** ist eines, das bei uns "Glanzkacke" heißt.

upshot

Endergebnis; das, worauf's ankommt. **The upshot is: he's got the job** = Nach all dem Hickhack hat er jetzt doch den Job gekriegt.

workaholic

Einer, der krankhaft süchtig nach Arbeit (so wie ein anderer nach Alkohol) ist. In den Staaten gibt's regelrechte Entziehungskurse.

to zap

Abknallen, umlegen. **The project was zapped** = es wurde torpediert.

zilch

'n feuchter Kehricht. **The result was zilch** = es kam nichts dabei raus.

Vettes Rule!

Automotive Slang

Wen diese Überschrift ratlos läßt, der lese weiter. der **automotive slang** spiegelt die Besessenheit des Amerikaners mit seinem motorisierten Rollstuhl wider. Daß gerade auf diesem Sektor ein ganz eigener Sprachkult entstanden ist, läßt sich nur zu gut verstehen.

Die US–Autoindustrie - und nicht nur diese - läßt es sich angelegen sein, Fetisch- und Konsumdenkweisen auf diesem Sektor kräftig zu fördern, indem sie z. B. Magazine sponsert, die nur aus Slang bestehen. Besonders die Teenies begeistert dergleichen gewaltig. Nachstehend ein paar vokabularische Auszüge aus *CARtoons.*

auto **can** **crate** **goat** **wheels**	Auto
jalopy **heap** **powderpuff**	gut erhaltener Zweit-handwagen
bomb	Klapperkiste
lemon	Problemkarre
gas, juice	Treibstoff
ding, dink	Beule
total(ed)	Totalschaden
hop (up)	"frisieren"
stick	Schalthebel
trans	Getriebe
mill	Motor
plug	Zündkerze
slicks	Rennreifen
chop(per)	Motorrad
dirt chop(per)	Gelände–Motorrad
bumper	Stoßstange
bumper hugger, wheel sucker	Windschattenfahrer
road hog	Verkehrsrowdy
gun oder **rev up the mill**	den Motor auf Touren bringen

Und hier noch ein paar verslangte Automarken und –typen:

bug, volks	VW
caddy	Cadillac
Chevy	Chevrolet
Olds	Oldsmobile
Stang	Mustang
Vette	Corvette

Jetzt verstehen wir auch die Überschrift. "Korvetten sind das größte!" war einmal der Slogan von Fans dieses Sportwagens. **Well, that's engin–knowity.**

Scoobiedoobiedoo

Das Doppel–O–Syndrom

Es gibt eine große Anzahl von Slangwörtern, die ein *Doppel–O* enthalten, und zwar vorrangig das wie "uh" ausgesprochene. Scheinbar finden die Amis diesen Sound besonders witzig. Comics können jedenfalls nicht auf ihn verzichten.

aooga!	Tröt!
bamboozle	beschummeln
blooey!	Päng!

to go blooey	sich in Luft auflösen
boo!	Buh!
boob, booby	Dummkopf
boo–boo	Fauxpas
boobs	Titten
boob tube	Glotze

boogaboo	Buhmann
booger	Popel
boom!	Rums!
boondocks, boonies	Walachei, hinterm Mond
boop	kacken
brook: I don't - no ...	... dulde ich nicht
caboodle: kit 'n -	der ganze Haufen
caboose	Knast
cahoots: in - with	unter einer Decke mit
cookin': what's -?	Was gibt's?
cool	prima, super
cootie	Kopflaus
crook	Halunke
crooked	unehrlich
croon	schnulzig singen
doodads	Klunker (Juwelen)
doodle	vor sich hinkritzeln
doohick(e)y	Pißpott
drinkipoo	ganz kleiner Drink
drool!	Lechz!
droopy	schlapp
gadzook(s)!	Teufel auch!
gobbledygook	bürokratisches Gequatsche
goo	klebriges Zeug
goober	Erdnuß
goodies	feine Sachen
goods: to deliver the -	ein Versprechen halten
gooey	klebrig
goof	1. Blödmann 2. sich irren
goof off	pennen

goofy	albern
goo-goo: to make – eyes	schöne Augen machen
gook	1. Matsch
	2. Vietnamese (Schimpfwort)
goon	Revolvermann
goose	in den Arsch kneifen
groove	schwelgen
groov(e)y	toll
hooch	Fusel
hood, hoodlum	Gangster
hook	auf den Strich gehen
hook: by – or by crook	mit aller Gewalt
hooker	Nutte
hook(e)y: to play –	(Schule) schwänzen
hoopla(h)	Lärm um nichts
hoot: I don't give a – !	Das ist mir wurst!
hoot owl: hornier than a –	spitz wie Lumpi
kook (kuhk)	Langweiler
looker	gut aussehende Person
looks	gutes Aussehen
loon(e)y	bekloppt
loon(e)y bin	Klapsmühle
looped	besoffen
loose: to hang –	entspannt sein
loot	Kohle, Knete
mood: in the –	in Stimmung
moolah	Kies, Knete
moon	den Hintern zeigen
Moonie	Mun-Sektierer
moonlight	einen Nebenjob haben
moonshine	Selbstgebrannter

nincompoop	Schwachkopf
noodle	Kopf, Grips
nookie	"Nümmerchen"
oops!	Hoppla!
phooey!	Pfui!
poof!	Puff!
pooh!	Puh!
pooh–pooh	als Blödsinn abtun
poop	Stoff, Kacke
pooped	abgeschlafft
pooper: party –	Spielverderber
poo–poo	Kacke
rookie	grüner Polizist
root: to – for	anfeuern
scoop	Aufreißer
shoo!	Sch! Weg!
shoot!	Erzähl! Pack aus!

shoot craps	würfeln
– some hoops	Basketball spielen
– the breeze/shit	quatschen
– the rapids	Wildwasser fahren Merke: **shoot** ist für alles sich schnell Bewegende angebracht, besonders Motorisiertes.
smooch	knutschen
snooze	pennen
spoof	Schwindel
spook	1. Spion, CIA–Mann 2. Schwarzer
spoon: greasy –	schmieriges Lokal
stoolie (= stool pigeon)	Spitzel
took: I've been – ! **= I've been taken!**	Ich bin übers Ohr gehauen worden!
tool	Pimmel
toot	tuten
whoop	(indianischer) Kriegsruf
whoopie	Pups
– cushion	Furzkissen
whoosh!	Zisch!
whoozy	wirr
woof!	Wuff!
woofer	Tieftonlautsprecher
wool: dyed in the –	Wolf im Schafspelz
woolly	durcheinander
yahoo!	Jauchz!
zoom!	Saus!

That's a No-No!

Seit einigen Jahren haben in den USA auf o endende Wörter stark an Popularität gewonnen. Teils handelt es sich um ausländische Lehnwörter, teils um Neubildungen, indem man z. B. einem Adjektiv ein o anhängt.

barfo
Von: **to barf** = kotzen. **A barfo joke** = in etwa ein Witz, der einen zum Kotzen bringt.

beano
Mexikaner

bimbo
saublöder Typ (für sie und ihn)

biago
Treffer!

blotto
Von: **to blot** = aufsaugen. Besoffen.

bozo
Nach der Clownfigur *Bozo.* Adjektivisch gebraucht: **Those bozo guys** = die Blödmänner.

cheapo
Geizkragen, billiger Typ

derring-do
(blinder) Schneid oder Eifer

dildo
Vibrator, künstlicher Pimmel

fatso
Dicke(r)

gizmo
mechanisches Dingsda

gonzo
"frisiert", fabriziert. **Gonzo journalism** = etwa: "Bild"-Journalismus. Muppets-Wort.

gringo
Herabsetzender Begriff der Latinos für alle nicht farbigen Amerikaner bzw. Weiße generell.

groucho
mürrischer Typ

gung ho
Mit Volldampf, auf Deubel komm raus, voller Begeisterung. Auch entsprechendes Hauptwort.

hobo
Landstreicher

honcho
irrer Typ

by jingo
Bekräftigung: **I'll show them, by jingo!** = Denen werd' ich's zeigen!

kiddo
Von: **kid** = Kind. Allgemeine Anrede.

kudos (immer Mz.)
Glückwünsche

lingo
Von: **language** = Sprache. **What's your lingo?** = Welche Sprache sprichst du?

macho
überzogen männlicher Typ

mofo
Motherfucker. Nicht als direktes Schimpfwort. **I don't like them mofos!** = Die Kerle gefallen mir nicht!

no-no
Wer der Stewardeß an den Hintern faßt, wird dies (bestenfalls) zu hören bekommen: "**That's a no-no!** = Das darf man nicht!"

pinko
Rosafarbiger: halber Kommunist, "Sozi"

pronto
sofort
psycho
(gefährlicher) Verrückter
slobbo
Von **slob** = schlampiger Typ
socko
Von: **sock it to someone** = jemandem Saures geben.
a real socko issue = eine hochwichtige Sache
stinko
besoffen
wacko
Einer, der **out of wack** = nicht ganz richtig ist.
weirdo
merkwürdiger Typ
wino
in etwa: Wermutbruder
yabo
Titte
yo–yo
Jemand, der immer wiederkommt. **This yo–yo guy is back again!** = Der Kerl ist schon wieder da!

Wotta Buncha Clowns

Fasse dich kurz!

Der sprachliche Trend geht zur Zusammenziehung – immer und überall. Der US–Slang ist besonders reich an solchen Juwelen – nachzulesen in Comics –, die dem Sprachneuling einiges an Fassungslosigkeit abverlangen.

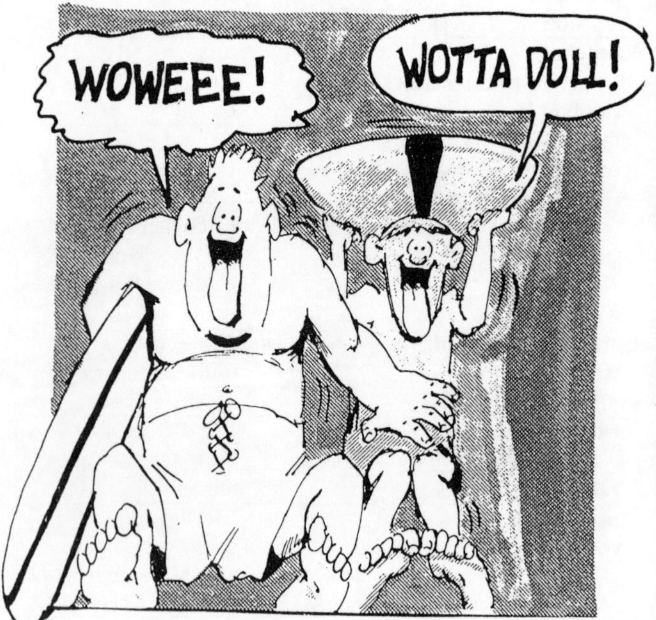

aintcha **betcha**	*aren't / haven't you* *(I) bet you*	 **Betcha don't know.** Ich wette, du weißt es nicht.
buncha	*bunch of*	**Wotta buncha clowns.** Was für'n Haufen Blödmänner!
c'mon	*come on*	**C'mon, don't gimme that kinda crap!** Na hör mal, erzähl mir doch keinen Mist!
dontcha **dunno**	*don't you* *don't know*	 nur 1. Pers. Sing., oft ohne **I**
gimme **gonna**	*give me* *going to*	 **It's gonna rain.** Es gibt Regen.
gotcha	*got you*	Kann heißen: 1. Hab's kapiert. 2. Hab' ich dich endlich!
gotta	*got to*	**gotta go** (Ich) muß gehen.
hafta, havta	*have to*	
helluva	*hell of a*	**I had a helluva time.** Ich hab' mich toll amüsiert.
kinda	*kind of*	**I feel kinda sick.** sozusagen, irgendwie. Mir ist irgendwie zum Kotzen.

lemme	*let me*	
lotsa	*lots of*	
a lotta	*a lot of*	
oughtta	*ought to*	sollte
outta	*out of*	**out(t)asight** Irre!
shoulda	*should have*	
sonavabitch	*son of a bitch*	
sorta	*sort of*	(s. **kinda**)
thingamajig		Dingsda
waidaminit	*wait a minute*	Moment mal!
whatcha	*what do you*	
whatchamacallit	*what shall we call it?*	Dingsbums
whatshisname?		Wie heißt er noch gleich?
whatsit	*what is it*	Dingsbums
whosit	*who is it*	Unbekannter
whatta, wotta	*what a*	
wontcha	*won't you*	
whodunnit	*who done it*	Täter

Crocs, Chimps and Gators

Fasse dich kürzer!

Typischem Allerwelts-Amerikanisch mit einem Hauch von Slang sind lange "**five-dollar-words**" höchst suspekt. Man kürzt sie deshalb, wenn irgend möglich, auf ein Minimum ab. Nachstehend eine Auflistung, die keineswegs Anspruch auf Vollständigkeit erhebt:

ad*vertisement*	Annonce
ammo *(ammunition)*	Munition
amp*ere*	Ampere
am*plifier*	Verstärker
bike *(bicycle)*	Fahrrad
bra*ssiere*	BH
brod *(brother)*	Bruder
cap*acitor*	Kondensator
cap*sule*	Kapsel, Tablette
cap*tain*	Kapitän
carb*ohydrate*	Kohlehydrat
carb*uretor*	Vergaser
champ*ion*	Sieger
chimp*anzee*	Schimpanse
civies *(civilian* clothes)	Zivilklamotten
cos *(because)*	weil
croc*odile*	Krokodil
cuz *(cousin)*	Cousin
deli*catessen*	Feinkostladen

dem*ocrat*	Demokrat
doc*tor*	Doktor
dorm*itory*	Schlafsaal
ed*itor*	Redakteur
exam*ination*	Prüfung
exec*utive*	Person in der Geschäftsführung
fab*ulous*	fabelhaft
frank*furter*	Frankfurter Würstchen
frat*ernity*	Bruderschaft
fridge *(refrigerator)*	Kühlschrank
gas*oline*	Benzin
*alli***gator**	Alligator
gen*eral*	General
gent*leman*	Herr
grad*uate*	Schulabsolvent
gramps *(grandpa)*	Großpapa
gym*nasium*	Turnhalle
hippo*potamus*	Nilpferd
hon*ey*	Liebling
hyper*bole*	Übertreibung
Jap*anese*	Japaner
lit*erature*	Literatur (Fach)
mac *(mechanic)*	Mechaniker
mag*azine*	Zeitschrift
math*ematics*	Mathematik
med*ical*	medizinisch
Med*iterranean*	Mittelmeer
mike *(microphone)*	Mikrofon
mill*ion*	Million
mod*ern*	modern
natch *(naturally)*	Natürlich!

nuke *(nuclear)*	nuklear
pax *(passenger)*	Passagier(e)
pic*ture* (Mz. **pix**)	Bild(er)
pol*itician*	Politiker
pro*fessional*	beruflich
pres*ident*	Präsident
prof*essor*	Professor
rad*ical*	irre
ref*eree*	Schiedsrichter
ref*rigerator*	Kühlschrank
rep*ublican*	Republikaner
rev*olution*	Umdrehung
rhino*ceros*	Nashorn
sarge *(sergeant)*	Sergeant
sec*ond:* **wait a sec!**	Sekunde, Moment!
show **biz** *(business)*	Schaugeschäft
simp*leton*	Einfaltspinsel
sis*ter*	Schwester
specs *(specifications)*	Spezifikationen

specs *(spectacles)*	Brille (**glasses** ist jedoch üblicher. Sonnenbrille = **shades**)
stew*ardess*	Stewardeß
stude*nt*	Student
sub*marine*	U–Boot
super*intendent*	Hausmeister
teach*er*	Lehrer
tech*nician*	Techniker
thou*sand*	tausend
tix *(tickets)*	Tickets
trans*mission* **(xmission)**	Getriebe Die Vorsilbe **trans**– wird auch oft mit **x**– umschrieben: **xlate, xmission, xmitter.**
unk *(uncle)*	Onkel
ump*ire*	Schiedsrichter
vet*eran*	Veteran
vet*erinarian*	Tierarzt

Snafu

Fasse dich noch kürzer!

Abkürzen, zusammenfassen, **shortcuts** bilden – das liebt der Ami. Das meiste, was dabei herauskommt, ist ziemlich tristes bürokratisches und administratives Zeug. Doch manches ist recht witzig, darunter auch (mit einem Stern versehene) T-Shirt-Aufschriften, rechte Eintagsfliegen allerdings, bis einer sich was Neues ausdenkt.

ACDC; acdc
Wechselstrom / Gleichstrom: bi(sexuell).

asap
as soon as posssible: Dauerbrenner.

BFC
So bestellt man *burger-fries-coke* am US-Frittenschuppen. Das absolut Allerletzte in der kulinarischen Welt.

B.J.
blowjob: Fellatio.

BMOC
Big Man on Campus: der tollste Kerl an der Uni. Meist ironisch auf einen Spinner gemünzt.

B.S.
bullshit: Quatsch, Kacke. Gebildete sagen hier "**Taurus**".

BYOB

BYOB

Bring your own beer / booze / boy / broad.
Einladung zur Party. Selbst mitzubringen, je nachdem: Bier, Schnaps, Mann, Weib.

DAMIFINO✶

Damn(ed) if I know: Mir fällt's verdammt noch mal nicht ein!

DILLIGAF✶

Does it look like I give a fuck? = Ist mir nicht alles scheiß–egal?

dinki

In der Steuererklärung: **double income, no kids** = doppeltes Einkommen, keine Kinder. Gleichlautend ist **dinky** = kleiner Pissser, und da liegt der Witz!

FUBAR✶

Fucked up beyond all reason = völlig hin.

LAGNAF✶

Let's all get naked and fuck! Läßt sich anhand des Vokabulars dieses Büchleins wohl leicht selbst übersetzen.

PED XING

Pedestrian crossing: Aufschrift auf dem Pflaster amerikanischer Straßen vor Fußgängerüberwegen.

pdq

Pretty damn quick = Los, fix! Ein **oldie,** der immer noch aktuell ist.

posslq. ("posselcue")

Person of Opposite Sex Sharing Living Quarters: "Wilder Ehepartner" für die Unterlagen des *U.S. Census Bureau.*

SASE

Self-addressed stamped envelope = selbstadressierter, frankierter Umschlag. In Annoncen.

snafu

Situation normal, all fucked (oder **fouled) up:** Lage normal, total vermurkst.

Aus dem 2. Weltkrieg, immer noch aktuell: Ein hoffnungsloses Durcheinander.

SNAFU

s. o. b.

son of a bitch = Hundesohn, in der Abkürzung leicht abschwächend gebraucht.

TLC

tender loving care = echtes Liebhaben; in Annoncen oft dringend gesucht.

VIP

very important person, meist ein Geldsack.

WASP

Ein **White Anglo-Saxon Protestant** meint, daß er als einziger ein "richtiger Amerikaner" sei.

yumpie

young upwardly mobile professional: ein **yuppie** (s. u.) mit vorprogrammierter Karriere.

yuppie

young urban professional: Junger städtischer Karrieremensch, der es sicher zu etwas bringen wird. Der triste Trend klingt Gott sei Dank schon wieder ab. **To yuppify**: aufmotzen.

Take a Go at this

Variationen mit go

Ein einziger Ausdruck besitzt im US–Slang mitunter eine enorme Menge von Variationsmöglichkeiten. Sehen wir uns nur einmal das Winzwörtchen **to go** an:

to go broke / bust	pleite gehen
– the whole hog	aufs Ganze gehen
– straight	ein ehrliches Leben beginnen
– down the drain	flöten gehen
– to the dogs	auf den Hund kommen
– it alone	es alleine machen
– Dutch	halbe halbe machen
– ape, bananas, nuts,	
– to pieces, wild (over)	durchdrehen (wegen)
– west	in die Binsen gehen
– to pot	kaputt gehen
– at it	herummachen, knutschen
– down on	es (dem Mann) oral machen
– to blazes	zum Teufel gehen
– to hell	zur Hölle fahren
– for someone	für jmd. schwärmen
on the go	aktiv
to be gone	abgetreten/high sein
all gone	ganz weg
one to go	ein (Stück) zum Mitnehmen
All systems go.	Alles klar.
no go	nichts zu machen

Here goes!	Nun geht's los!
to take a go at s.th.	etwas versuchen
How's it going? How goes it?	Was macht die Kunst?
I'm a goner!	Mich hat's erwischt!

Okeedokie, no Prob!

Ja und nein

Daß der US-Slang zusätzliche Nuancen beinhaltet, um die profane Bejahung und Verneinung etwas farbiger zu gestalten, versteht sich fast von selbst.

Vom Schuhputzer bis zum Präsidenten sagt jeder Amerikaner seltener **yes** als **yeah.** Eine bekräftigende Note wird durch **yep** oder **yup** verliehen. **Yessir** heißt in etwa "jawoll". Das **sir** richtet sich an keine bestimmte Person:

Yessir, them were the days! Ja, das waren noch Zeiten!

Zugestimmt wird auch mit den folgenden Wendungen:

O.K. / okay **O.K. by me** **okeedokie** **sure thing** **yeah, let's** **Why not?** **Why don't you?** **go ahead** **right on** **no prob(lem)** **fair enough** **do your thing** **no sweat**	In Ordnung, klar, nur zu!

Bei der Verneinung drückt **naw** ein unlustiges **no** aus:

Wanna go out? Naw, it's raining.

Nope hingegen bekräftigt die Verneinung in die Nähe von **no way, nothing doing** oder **forget it:** Nichts da!

Spillin' the Beans

Kraut and Rüben

Eine erstaunliche Quantität an Obst und Gemüse wird im amerikanischen Slang-Vokabular verarbeitet, um die unterschiedlichsten Begriffe zu umschreiben. Auch im Deutschen gibt es bekanntlich dergleichen - man denke an die Birne, doch der US-Slang ist weitaus reichhaltiger.

The Big Apple	New York City
How do you like them apples?	Drohfrage: Na, was sagst du nun?
mom and applecake	US-Nationalsymbol
apple polisher	Arschkriecher
apple sauce	Quatsch
banana	Eurasier: außen gelb, innen weiß
bananas	verrückt
to go bananas	ausrasten
to bean someone	jmd. eins auf die Birne geben
beanbag, beanhead	Blödmann
Bean City	Boston
beanie	Kindermütze
to spill the beans	alles verraten
beanstalk	langer Dünnling
cherry	weibl. Unschuld
to pop the cherry	die Unschuld rauben

to be in clover	Kohle haben
coconut	Kopf
Get that into your coconut!	Kapier das doch endlich!
corn	Schnulz, Schmarrn
corny	abgedroschen
as cool as a cucumber	die Ruhe selbst
fruit, fruitcake	Tunte
grass	Marihuana
Kraut	böser Deutscher
lemon	schlechter Kauf, z. B. ein Auto, das nicht fährt
nut	Idiot
to be nuts	verrückt sein
to go nuts	durchdrehen
pansy	Tunte, Weichling
peach	Liebling
peachy	lieb, süß, fein
peanuts	Hungerlohn
pea shooter	Knarre
pineapple	Handgranate
plum, sugarplum	Liebling
couch potato	Glotzefan, Videot
small potatoes	Kleinkram
prune face	Runzelgesicht
raspberry	Furz(geräusch)
smelling like a rose	Unschuldslamm
vegetable	Patient, dessen Gehirn nicht mehr funktioniert
windfall	Fallobst: glückliche Fügung

Say Cheese, Sugar!

Amerikanische Speisekarte

baloney (Art Wurst)
Quatsch

beef (Rindfleisch)
Where's the beef? ist schon tausendmal gefragt worden, wenn mal wieder kein Aufschnitt auf der Stulle war. Daraus entwickelte sich dann letztlich **beef** = Beschwerde.

bread (Brot)
Geld

butter
●**Don't try to butter me up** = Schmeichelei bringt dir nichts
●ein! **Butter won't melt in his mouth** = Er kann kein Wässerchen trüben.

cake (Kuchen)
●**a piece of cake** = 'ne Leichtigkeit
●**That takes the cake!** = Das schießt den Vogel ab!
●**to sell like hot cakes** = sich wie warme Semmeln verkaufen

cheese (Käse)
●**Say cheese!** = Bitte lächeln!
●**to cut the cheese:** furzen

crumpet* (Plätzchen)
●leichtes Mädchen

donut (Art Ringkrapfen)
●**to stuff the donut** = bumsen
●**to eat the donut** = Möse lecken

eat* (essen)
●es der Frau oral machen

egg (Ei)
●**bad egg** = Nichtsnutz
●**to have egg on one's face** = einer Lüge überführt sein
●**Go suck an egg** = Hau bloß ab!

gravy (Soße)
●**to jump on the gravy train** = Trittbrettfahren, absahnen

ham (Schinken)
●1. Schmierenkomödiant; **to ham it up** = dick auftragen
●2. Amateurfunker

honey (Honig) Liebling

jam (Marmelade)
●**in a jam** = in der Patsche

lunch (Mittagessen)
●**out for lunch** = geistesabwesend
●**to lunch backward** = kotzen

meat (Fleisch)
Pimmel
●**meathead** = Blödkopf
●**to beat the meat*** = wichsen

nothingburger
Brötchen mit nichts drauf

picnic (Picknick)
●**That's no picnic** = das ist kein Honigschlecken.

pie (Pastete)
●**to eat humble pie** = kleine Brötchen backen
●**to eat hair pie*** = es der Frau oral machen
●**cutiepie** = süßer Käfer

pork (Schweinefleisch)
pork barrel = das Faß (mit dem Pökelfleisch), aus dem sich die Politiker ungeniert bedienen

pudding face
Mondgesicht

sauce (Soße)
a saucy chick = 'n steiler Zahn

soup (Suppe)
to be in the soup = in der Klemme sitzen
souped up = aufgemotzt, "frisiert"

sugar (Zucker)
Süße (Mädchen)

Monkey Business

Viechereien à la USA

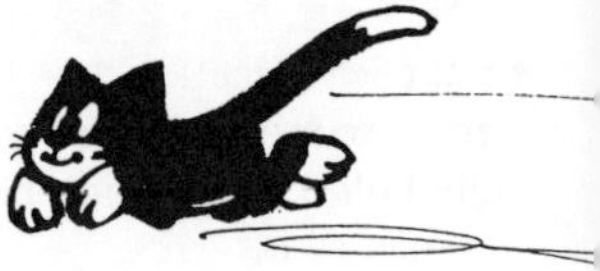

Natürlich weist der US–Slang auch ein reges Tierleben auf. Ganz oben auf der Häufigkeitsliste steht zweifelsohne der berühmte **hot dog** (oder einfach nur **dog**): das heiße Würstchen.

dog
1. wie gehabt, 2. häßliches Girl

dog ass
ganz unten, das Letzte

dog face
Marineinfantrist

dog tag
"Hundemarke" (des Soldaten)

lucky dog
Glückspilz

to go to the dogs
vor die Hunde gehen

in doggie–fashion
"von hinten"

doggie bag
Tüte für Essenreste im Restaurant, die man (angeblich) seinem Hund mitbringen will

in a dog's age
'ne Ewigkeit

fleabag
Köter

for the birds
für'n Arsch
early bird
Frühaufsteher
to make an ass out of oneself
sich lächerlich machen
beaver
Fotze
to monkey around
herumalbern
to go ape
ausrasten
a monkey on one's back
schwere Last im Leben
monkey business
Unfug
a one–horse town
'n Kuhdorf
Holy cow!
Junge, Junge!
chick
Girl
chicken
ängstlich; Feigling
chickenshit
Schlappschwanz
foxy lady
scharfe Mieze
to have a whale of a time
sich toll amüsieren

bull in a china shop
Elefant im Porzellanladen

that's duck soup
Das ist 'n Klacks.

ducky
niedlich

cat, fox
cooler Typ

to go the whole hog
auf's Ganze gehen

hog
Harley

bull, bullshit, horseshit
Quatsch

Bull's eye!
Ins Schwarze!

pig
Bulle (Polizei)

loan shark
Kredithai

white elephant
unnützer Besitz

to crab
meckern

to see pink elephants
sturzbesoffen sein

bug, beetle
Käfer = VW

to smell a rat
den Braten wittern

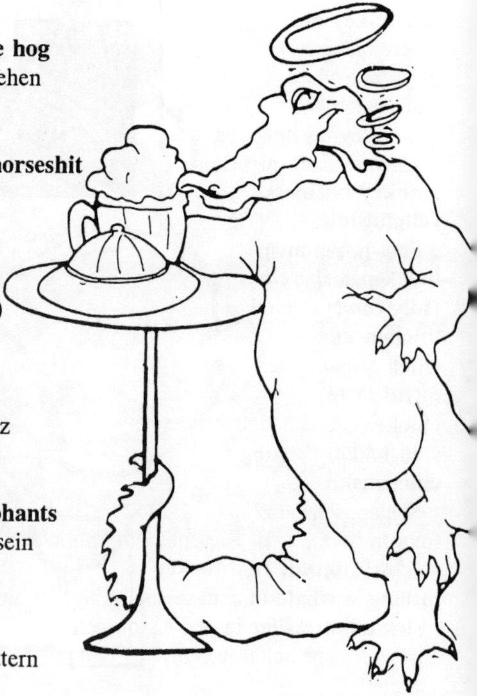

rat, ratfink
Petzer, Verräter
that looks fishy to me
da stimmt doch was nicht
to clam up
den Mund halten
to eat crow
etwas zurücknehmen müssen
cold turkey
knallhart
turkey
Protzobjekt, z. B. Riesenbau in ärmlicher Gegend
to talk / to quit cold turkey
zum Geschäft kommen / Knall und Fall aufhören
to have butterflies in one's stomach
nervös sein, Schiß haben

Ain't got no Money

"Schwarzer" Slang

Die Sprache der unterprivilegierten und wenig gebildeten schwarzen **brothers and sisters** der Vereinigten Staaten ist eigentlich *der* US–Slang. Zu einem ganz eigenen Vokabular (**honky, offay** = weißes Schwein), dessen Fülle hier unmöglich wiedergegeben werden kann, gesellt sich eine Aussprache und Grammatik, die stark vom "normalen" US–Englisch abweicht.

• Statt *the* steht im Plural **them** und **was** anstelle von *were* ("**we was**") Statt *isn't* und *haven't* in beiden Fällen **ain't.**

• Häufig wird die doppelte Verneinung benutzt: "**We ain't got no money.**"

• Das *g* der Endung *-ing* wird im Partizip oder in der Verlaufsform weggelassen.

Ah be comin'

Ein paar Beispiele:

I'm going to town kommt raus als: **Ah's goin' t' tahn.**

Where have you been? wird **Where ya bin?** oft mit angehängtem **man.**

I'll be coming wird zu **Ah be comin'.**

Do you know what "soul food" is? hört sich so an:
Ya nah what "sahl food" be?

Soul food sind übrigens die alten Rezepte der Schwarzen, die bis in die Sklavenzeit zurückdatieren. Die Gerichte bestehen hauptsächlich aus dem, was die Weißen als Abfall betrachten:

hog jowls, pig knuckles, chicken wings, gizzard, corn bread, catfish (= Schweinebacke, Schweinshaxe, Hühnerflügel und –innereien, Maisbrot, Wels) u.v.a.m.

Es ist nicht sehr unwahrscheinlich, daß der erste Amerikaner, auf den man bei seiner Ankunft in den USA trifft, ein schwarzer **hackie** (Taxifahrer) ist. Da kann man sein Ohr dann schon gleich mal "eintunen".

HEY FOLKS
HE'S HOT SHIT!

Wanna two Pissis Toast

Italo-Slang

Die Italiener haben es seit eh und je besonders schwer in den Staaten gehabt, denn sie lehnten es ab, sich anzugleichen und amerikanisieren zu lassen. Aus dem deutschen Herrn Schmidt wurde gewöhnlich noch in derselben Generation ein Mr. Smith, der Johannes zum John. Doch der Italiener blieb Giovanni und sprach weiterhin seine geliebte Muttersprache oder akzentuierte des fremde Idiom so stark damit, daß er nur den Mund aufzumachen brauchte, um seine Herkunft erkennen zu lassen.

Der wahre Italo-Amerikaner verrät sich dadurch, daß er ein Wort ungern auf einen Konsonanten enden läßt, sondern ein a anhängt, und daß er dazu neigt, lange Vokale zu verkürzen und kurze zu verlängern. Dadurch entsteht ein Slang in sich selbst.

Die *WASPs* (S. 56) nahmen Giovanni den mangelnden Integrationswillen jedoch sehr übel und belegten ihn mit vielen unschönen Ausdrücken. Unsere Türken wissen, wie das ist. Die mächtige italienische Antidiffamierungsliga entstand in der Folge. Sie konnte u. a. durchsetzen, daß man nicht *alle* US-Italiener ungestraft **mafiosi** nennen darf. Doch erhalten blieb z. B. der **w(h)op,** so geheißen, weil die frühen italienischen US-Städter ihre Haufen angeblich in Papiertüten drehten und diese dann mit einem hörbaren "**whop**" (= platsch!) auf die Straße fensterten.

Aus der *WASP*-Ecke kommt auch die folgende kleine Story. Allerdings: Selbst die Antidiffamierer würden wahrscheinlich über sie schmunzeln.

The Italian who went to Detroit

One day I ma gonna Detroit to bigga hotel. I go down to breakfast. I tella the waitress I wanna two pissis toast. She bring me only one piss. I tell her I wanna two pisses. She say go to the toilet. I say you no understand, I wanna two piss onna my plate. She say you better no piss onna plate, you sonna va bitch. I don't even know the lady and she calls me a sonna va bitch!

Later I go to eat at the bigga restaurant. The waitress she bring me a spoon and knife but no fock. I tell her I wanna fock. She tell me everyone wanna fock. I tell her you no understand, I wanna fock onna table. She say you better no fock onna table, you sonna va bitch.

So I go back to my room inna hotel and there isa no shits onna ma bed. I call the manager and I tella him I wanna shit. He tell me to go to the toilet. I say you no understand, I wanna shit onna my bed. He say you better no shit onna bed, you sonna va bitch.

I go to the check-out and the man at the desk say, "Peace on you". I say, "Piss onna you too, you sonna va bitch. I gonna back to Italy!"

That's the Way the Cookie Crumbles

Kurzgeschichten

Tja, nachdem ich nun eine ganze Reihe von Slangausdrücken vorgestellt habe, stellt ihr euch sicherlich die Frage, wie denn wohl ein richtiger Dialog aussehen könnte. Ich habe mich also hingesetzt und einige kleine Gespräche zusammengestellt. Natürlich ist die Anhäufung von Slangausdrücken etwas übertrieben, in echten Unterhaltungen wird es wohl nicht ganz so sehr davon wimmeln, oder doch?

Auf den folgenden Seiten findet ihr jeweils den Versuch einer adäquaten Übersetzung, danach Anmerkungen zum gebrauchten Vokabular.

Hard Stuff

Schlüpfriges und Zotiges

Got a light, bud?

Sure thing, hon. How's tricks?

Trick's fifty bucks, buster.

No kiddin'. Whaddya throwing in? You givin' head? I dig rim jobs.

Get lost, creep. Why don't you just jerk off?

Yeah, I'd better, probably. (Flashes badge). This is a bust.

Fuzz! Fuck you, copper!

Cool it, babe.
Got any dope on ya!

Get your cotton–pickin' fingers off me, nerd!

Get goin'!
We've got a date with the DA.

Haste mal Feuer, Macker?

Klar, Süße. Wie geht's denn so?

'ne Nummer kostet fünfzig
Piepen, Kerl.

Im Ernst? Was gibt's denn an Zugaben?
Bläst du auch? Ich steh' auf (s. Wortliste
unten).

Hau ab, du Ekel. Warum
wichst du dir nicht einen?

Ja, werd' ich wohl müssen. (Zieht eine
Polizeimarke): Du bist verhaftet.

Polente! Du kannst mich
mal, Bulle!

Schön friedlich, Baby. Hast du Stoff bei
dir?

Nimm deine Wichspfoten
von mir weg, Blödmann!

Beweg dich! Wir wollen jetzt mal den
Onkel Staatsanwalt besuchen.

bud, kurz für **buddy,**
heißt in etwa Kamerad oder Partner und ist sehr gebräuchlich. Ein **diving buddy** z. B. ist cin Tauchpartner.

hon, kurz für **honey** *(Honig)*
ist ebenso üblich. Du brauchst dich keinen Erwartungen hinzugeben, **bud,** wenn die Kellnerin dich so anredet.

How's tricks?
Ungefähr: Was macht die Kunst? Ein **trick** ist im Milieuslang aber auch "eine Nummer". Darauf beruht das Wortspiel.

no kidding
drückt Verwunderung aus. Sehr üblich.

to give head✶ *("Kopf geben")*
Fellatio.

rim job✶
bezeichnet eigentlich die Arbeit, einen Autoreifen von der Felge zu ziehen. Daß ausgerechnet der *Anilingus* so genannt wird, beweist zweifelsohne die tiefe Verbundenheit des Amerikaners mit seinem Automobil.

to dig
"auf etwas stehen"

creep
ist jemand, der einem eine Gänsehaut **(the creeps)** gibt.

bust kommt von **burst**
hineinstürzen

fuzz und **copper**
sind lediglich zwei von vielen ausgesprochen unfreundlichen Titulierungen für die wenig geliebten "Bullen". **Pig** ist eine weitere.

dope
Stoff, Rauschgift. Dies ist einer der gebräuchlichsten Begriffe. Es gibt wahrscheinlich Hunderte von anderen – kein Wunder in einer der aktivsten Drogenszenen der Welt. Die meisten sind beschönigende oder verharmlosende Wortbildungen, andere sind nichts als Codewörter, mittels derer man unter sich zu bleiben hofft. Sei es **pot, weed, grass, Mary Jane** und anderes mehr für das relativ milde Marihuana, das man in **doobies,** die einmal **joints** hießen, in sich reinzieht; sei es **acid, Angel dust** oder ähnliches aus dem Labor; sei es das verheerende **crack,** das leicht zur letalen **O. D. (overdose)** führt, die man bei uns salopp den "goldenen Schuß" nennt; sei es **coke** oder **snow** für Kokain, bis hin zu Spezialitäten wie **fry daddies** (Zigaretten mit **crack**), das Ganze auf den Markt gebracht durch **dealers** (bereits fester Bestandteil der deutschen Sprache) und verbraucht durch **junkies** und **heads** (Abhängige). Es gibt ein weiteres Slangwort für das Zeug, womit der Nagel auf den Kopf getroffen wird: **shit.**

cotton-picking
bezieht sich auf die niedrige Kaste der schwarzen Baumwollpflückersklaven.

nerd (oder **nurd**)
kommt aus der kalifornischen Beachboy–Szene. Jetzt weit verbreitet.

DA (District Attorney)
Staatsanwalt

Wie man einen US–Porno schreibt ***

Ihre *(jeweils eins aussuchen)*

boobs / globes / jugs / knockers / tits / yabos / the Boys / casabas / fun bags / honkers / hooters / Rightie and Leftie / swayers, swingers

reckten sich ihm lustvoll entgegen, als er seinen granitharten

boner / cock / cream shooter / dick / dork / erection / hard–on / joint / love muscle / meat / organ / pecker / peter / pisser / piston / prick / rod / s(c)hlong / shaft / tool / wang / whopper / wiener / willie

brutal in ihre dampfende

beaver / crack / cunt / hair pie / hole / honey pot / muff / pussy / slit / snatch

bohrte, bis sich Stöme von

come / cream / cum / (cunt) juice / jism / love juice / spunk

über ihre zuckenden Schenkel ergossen und sich auf dem Boden zu knöcheltiefen Pools sammelten. Was konnte es für Virginia Schöneres geben, als nach Herzenslust zu

ball / bang / do it / fuck / get laid / get plumbed / have a piece of ass / hump / make love / screw (her brains out)!

Damit steht schon mal eine saubere Einleitung mit zahllosen Kombinationsmöglichkeiten. Jetzt kann man noch variieren, ob sich das Treiben **straight** (wie die Missionare) oder etwa in **doggie fashion** (von hinten) vollzieht.

Auf zweihundert Seiten strecken, einem Verleger andrehen, kassieren. So einfach ist das. **No shit:** im Ernst!

Gah, gak, ick, phooey, yecch, yik, yuck! – Pfui Spinne!

The Day after

Am Tag danach

Toll, wie du gestern abend die Disco vollgekotzt hast. Mensch, was für 'ne Schau!

Hör bloß auf. Das nächste Mal nehm' ich dich als Kotztüte mit, du Pfeife.

Die ganze Penne weiß Bescheid. Die Weiber quatschen alle davon.

Na, und? Du hast auch gerade keine tolle Figur abgegeben, Spinner!

Ja, aber ich hab' Veronica rumgekriegt. Pech für dich, Rotznase. Zerplatz vor Neid!

Paß bloß auf, Mistkerl. Ich krieg' dich schon noch mal zu fassen!

Anmerkungen

technicolor yawn = *Gähnen in Technicolor*
ist ein hübscher Ausdruck für's Kotzen. Außerdem to **puke, to ride the puke wagon, to lunch backward, to barf, to be sick. You make me sick** = *Du bringst mich zum Kotzen.*

wotta *(what a)* **riot, gas, kick, turn-on, crack-up, blast, trip, knockout**
Welch ein Spaß!

can it = *Das kannste eindosen.*
Auch: **bag it, knock it off, cool it, buttom it, cut it out, pipe it, yuck it** = hör auf damit. Und schließlich: **Beat It!** = Zieh Leine!

Pinhead *(Stecknadelkopf)*
Allein mit **-head** gibt's 'ne Menge von Kosewörtern, die alle ungefähr unserem "Dummkopf" entsprechen: **dickhead, meathead, shithead, butthead, bubblehead,airhead, knucklehead, beanhead, squarehead, bonehead, egghead,** letzteres ein Sammelbegriff für Amerikas Intellektuelle.

cage *(Käfig)*
Penne

hip
in, aktuell. Wer **hip** ist, weiß, was läuft. Auch die **hippies** wußten das.

deems (von *dames*)
broads, gals (girls), chicks, babes, ladies = Mädchen

to yak about
sich das Maul zerreißen über

Can your yakkity-yak!
Hör auf mit dem Gequatsche!

to be hot shit
der Größte sein (oder sich dafür halten)

to show off
angeben; – **someone or s. th.** = mit etwas oder jmd. angeben; **show–off** oder **pipsqueak** = Angeber

to make out (eigentlich *"flirten"*)
Ein weiterer Schritt wird impliziert. Ein **make–out artist** ist einer, der es bei den Frauen gut drauf hat.

tough titties *(harte Tittchen)*
Pech

to eat one's heart out
vor Neid platzen

scumbag (von **scum** = Abschaum, auch als solches verwendet)
Mistkerl, Drecksack.

Hi Folks

Besuch aus Germany

Zum Schluß will ich noch einen fiktiven Kneipendialog zusammenstellen, in dem wir Jung-Wolfgang in den USA ankommen lassen:

Hi, gang (cats, you guys, folks). I'm Wolfgang, just in from Germany.
Hallo, Leute! Ich bin W., gerade aus D. angekommen. (Merke: **guys** = "Kerle" kann auch auf Frauen angewendet werden!)

Hi, Wolf. Flop down (take the weight off your feet, park your butt). How was your flight?
Hallo, Wolf. Setz dich. Wie war dein Flug?

Dullsville. I don't really dig flying.
Ödnis. Fliegen stinkt mir im Grunde.

How much did it cost ya?
Was hat dich (der Flug) gekostet?

Oh, about 500 bucks (smackers, greenbacks oder **half a grand, half a thou).**
Na, so 500 Piepen.

You don't say. Why, that's a steal!
Was du nicht sagst. Das ist ja fast geschenkt!

Well, I dunno ...
Na, ich weiß nicht recht ...

Here, you'd have to shell out (cough up, dish out, fork out, fork over) nearly twice as much bread (dough, moolah). What a rip–off (con game)!
Hier mußt du fast doppelt soviel Kohle hinlegen. Was für ein Beschiß!

Well, that's the way the cookie crumbles.
Ja, so geht's halt im Leben.

Hey, that's an oldie. By the way, meet Dan. He's a butt pirate.
Hey, das ist ein Oldie. Übrigens, das ist Dan. Er ist 'n "Arschpirat".

Huh? Come again?
Wie? Was war das noch mal?

Well, gay ...
Nun, schwul ... (Vorsicht mit dem Wort **gay.** Es hat seine ursprüngliche Bedeutung von "fröhlich" annähernd völlig verloren und heißt nur noch "schwul"!)

Dan: **Don't mind that asshole (turd, son of a gun, dope, dumbbell, dingaling, dingbat, moron, schmuck) Wolf. He's plastered (pickled, bombed, smashed, bent, shitfaced, twea–ked, changed, mutilated, totaled)!**
Hör nicht auf den Arsch (Blödmann, Dummkopf), Wolf. Der ist besoffen.

C'mon, kiddo

Speaking of ...
A propos ...

Sure thing, kid. How does somethin' sudsy grab ya?
Klar doch, Junge. Wie wär's mit was Flüssigem (Schaumigem)?

Sounds like a winner (sounds great, hits the spot, that's the ticket, love it).
Genau das Richtige.

Barkeep, a draft. Hey, there's Mona. Wolf, meet my girl (friend, gal, chick, old lady).
Bartender, eins vom Faß. Hey, da ist ja Mona. Wolf, darf ich dir meine Freundin vorstellen?

Hi, Mona. Wow! Well, so much for (that kinda blows) the gay (fag, fairy, queer) theory ....!
Grüß dich, Mona. Junge! Na, die Homotheorie können wir wohl wirklich abschreiben ....!

You bet. Hey, dig those snazzy threads (duds)! Are all German studs (hunks of meat) like you?
Verlaß dich drauf. Mensch, sieh sich einer diese irren Klamotten an! Sind alle Deutschen solche Schränke wie du?

Oh sure, hon. We cut our baby teeth on lowenbrau and wienerschnitzel.

Klar doch, meine Liebe. Wir kriegen schon im Babyalter Löwenbräu und Wiener Schnitzel verpaßt.

Really (no shit, no kidding, you aint't shittin' me / putting me on, you don't say)? I think that's terrific (rad, keen, marvy, crazy, real cool, brutal, way out, out of sight, wild, unreal, tops, weird, great)!

Wirklich? Das ist ja stark (toll, irre)!

Dan: **Yeah, he would make a great hit with der Fuhrer.**

Ja, der Führer wäre sicher begeistert von ihm.

Aw, cut out that crap, will ya? That has-been shit is strictly for the birds.

Ach, hör doch auf mit dem Mist. Die ganze Kacke von gestern ist doch wirklich fürs Gesäß.

C'mon, kiddo, take it easy (relax, chill out, mellow out). I was only pulling your leg.

Komm, mach dir nichts draus, ich hab' dich nur auf die Schippe nehmen wollen.

Yeah, a real back-slapper (scream, crack-up). I'm gonna bust a gut / that just breaks me up!

Ja, zum Brüllen komisch. Ich lach' mich noch kaputt!

Forget it, Wolf. No offense meant.

Denk nicht mehr dran, Wolf. Es sollte keine Beleidigung sein.

Okay, I'm sorry. I guess I'm kinda bushed (beat, pooped, wiped out); the flight and all. I better go catch a wink (snooze, nappie, bit of shut-eye).
In Ordnung, tut mir leid. Ich bin 'n bißchen geschafft; der Flug und alles. Ich leg' mich besser ein wenig auf's Ohr.

Right on (fair enough, do your thing, why don't ya?). We'll see ya tomorrow.
Ja, mach das. Wir sehen uns morgen.

Yeah, be seein' you guys. Nighty-night.
Ja, tschüß! Nächtchen.

Liebe Leser!
Ich habe mir zwar alle Mühe gegeben, aber daß dieses Buch vollständig ist, das will ich nicht behaupten. Aber es ist aktuell. Nur solche Ausdrücke habe ich aufgenommen, die heute gebräuchlich sind. Und dadurch unterscheidet sich dieses Bändchen sicherlich wohltuend von dicken, wissenschaftlichen Slang-Wörterbüchern.

Aber ich möchte dieses Buch erweitern, und vor allen Dingen soll es aktuell bleiben. Dafür brauche ich Eure Hilfe! Täglich entstehen neue Ausdrücke, andere werden altmodisch. Teilt mir bitte weitere Wörter mit, die Ihr auf Eurer Reise hört. Schreibt auch wo (in welcher Region Amerikas) Ihr sie gehört habt. Für verwertete Ergänzungen zeigt sich der Verlag mit einem Freiexemplar der nächsten Auflage erkenntlich. Ihr erreicht mich über die Verlagsadresse.

Register

Auf den folgenden Seiten findet Ihr ein alphabetisch geordnetes Verzeichnis der meisten Begriffe, die in diesem Buch vorgekommen sind. Es soll dem behilflich sein, der einen Ausdruck in irgendeinem Zusammenhang gehört hat, aber nicht weiß, was er bedeutet. Hinter jedem Wort steht die Seitenzahl, auf der der Begriff auftaucht.

C

H

I

Q

R

S

T

U

Notes

Notes

Notes

Notes

Notes

Notes

REISE KNOW-HOW®

Werner Halmert

IRLAND-Handbuch

Dieser Band zur Republik Irland läßt keine Fragen offen und informiert sachkundig über die Grüne Insel. Neben umfangreichen praktischen Reise-Informationen zu Unterkunft, Restaurants und vor allem zu Pubs, in denen abends die Folk-Musiker aufspielen, erläutern viele Hintergrundberichte das kulturelle und gesellschaftliche Leben der Iren. Detailliert beschriebene Reiserouten führen zu landschaftlichen Höhepunkten ebenso wie zu verschwiegenen Buchten, ruhespendenden kleinen Ortschaften und natürlich zu den der Küste vorgelagerten Inseln. Nationalparks, Vogelbeobachtungsstellen, ausführliche Wanderhinweise und Radtourenvorschläge -nichts fehlt in diesem Band.!

Ca. 450 Seiten, 20 Karten, viele Fotos und Abbildungen, ausführliche Orts- und Sachregister, 16 Farbseiten.

ISBN 3-89416-194-9 **DM 36.80**

Der Autor

Roland Hanewald, Jahrgang 1942, fuhr zwei Jahrzehnte lang als Schiffsoffizier zur See und lernte während dieser Zeit insbesondere die USA intensiv kennen. An deren **waterfronts,** sei es in Los Angeles, San Francisco, New Orleans oder New York, gab es mengenweise Vokabular, das in keinem Wörterbuch erschien. Mehrere Jahre Tätigkeit im Dienste amerikanischer Firmen vervollständigten das Sprachbild des Autors.

Anfang der achtziger Jahre ließ er sich als freier Journalist und Schriftsteller auf den Philippinen nieder, wo ebenfalls weitgehend US-Amerikanisch gesprochen wird. Im Hause des Autors auf der Insel Luzon werden in dieser Sprache zumindest gern Witze gerissen.

Hanewald liebt Comics wie das MAD-Magazin und Scherzkekse wie Mel Brooks und Woody Allen, denen er geflissentlich aufs Maul geschaut hat.